六法全書

人権と自然をまもる
法ときまり **2**

健康と
福祉を
まもるきまり

笹本 潤 法律監修

藤田千枝 編　坂口美佳子 著

大月書店

法やきまりの成り立ち

社会にはさまざまなきまりがあります。
マナーもきまりですし、校則や左側通行もきまりです。
そのなかで、国が定めるきまりを「法」といいます。

基本となる6つの国内法

「憲法」、「民法」、「刑法」、「商法」、「民事訴訟法」、「刑事訴訟法」の6つを「六法」といい、日本社会の基本となる法です。それをもとに、さまざまな法やきまりが定められています。

① **憲法** ………… 憲法は国の「最高法規」であり、日本のすべての法律は憲法にもとづいてつくられなければなりません。憲法で定められている内容に反する法律や命令は無効となります。法律は国民がまもらなければならないきまりですが、憲法は国家権力がまもらなければならないきまりです。

② **民法** ………… 家族や財産などのことで、もめごとが起きたら、どう解決するかを定めた法律です。

③ **刑法** ………… どのようなことが犯罪になるのか、また犯罪に対してどのような刑罰を与えるのかを定めた法律です。

④ **商法** ………… 株式会社などの企業や商取引についてのきまりで、民法のなかの特別な法律です。

⑤ **民事訴訟法** … 個人や会社のあいだに起きたもめごとを解決するための、裁判のすすめ方を定めた法律です。

⑥ **刑事訴訟法** … 罪を犯した人を裁き、刑罰を与える裁判のすすめ方を定めた法律です。

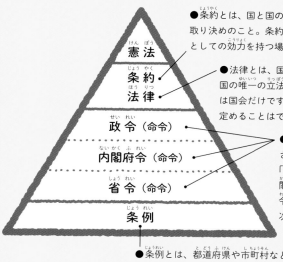

●条約とは、国と国のあいだで結ばれる取り決めのこと。条約のなかには国内法としての効力を持つ場合があります。

●法律とは、国会で制定される法のこと。国会は国の唯一の立法機関であり、法律を制定できるのは国会だけです。ただし、憲法に違反する法律を定めることはできません。

●命令とは、行政機関によって制定される法のことで、内閣が定める「政令」、内閣総理大臣が定める「内閣府令」、各省の大臣が定める「省令」などがあります。政令は法律に次ぐ効力を持っています。

●条例とは、都道府県や市町村などの議会で制定されるきまりのこと。法律に違反する条例を定めることはできませんが、その地方独自のきまりがたくさんあります。

国際法

国際法とは国と国の間で結ばれる取り決めで、条約と国際慣習法があります。

① 条約 …………… 文書による国家間の取り決め。これには「条約」や「協定」のほか「規約」「憲章」「議定書」などがあります。条約には二国間条約（日米安全保障条約など）と、多国間条約（国連憲章、核兵器禁止条約、WTO協定など）があります。

② 国際慣習法 … 国際社会でくり返されてきた慣行が、多数の国家によって認められて、国際的なルールとなったもので、取り決めを定めた文章はありません。公海を自由に航行できること、互いの領土に侵入しないこと、亡命者を保護すること、外交官に与えられている特権などがあります。

健康と福祉を
まもるきまり

もくじ

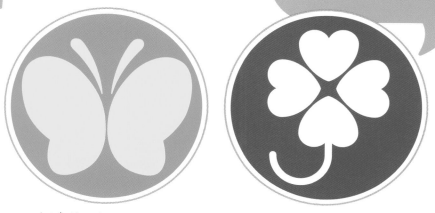

バリアフリーの
マーク、
いくつ知ってる？

障害者が車を運転するときに
つけるマーク

左が聴覚障害者標識（マーク）、右が身体障害者標識（マーク）。

● **道路交通法71条**

耳の不自由な人は、車を運転するときは車に標識をはらなければならない。
手足の不自由な人は、車を運転するときは車に標識をはったほうがいい。

● **身体障害者補助犬法2条16条**

補助犬とは、目の不自由な人を助ける盲導犬と、体の不自由な人を助ける介助犬、
耳の不自由な人を助ける聴導犬で、決められた訓練を受けて認定されている。

● **身体障害者補助犬法7条8条9条**

お店や病院、電車や飛行機などの交通機関は補助犬の
受け入れを拒否してはいけない。

● **道路交通法14条**

目の不自由な人が道路を歩くときは、白杖をもつか、
盲導犬を連れていなければならない。

シンボルマーク

（法律で決められていないが世界や国内で共通に使われているマーク）

障害のある人が利用しやすい
建物や交通機関であることを
示す国際シンボルマーク

目の不自由な人が使いやす
い建物や設備・機器を表した
国際シンボルマーク

補助犬をつきそわせる権利
があることを知らせるマーク

バリアフリー法によって認
定された建物の入口など
にはるマーク

耳が不自由であること
を知らせるマーク

人工肛門・人工膀
胱をつけている人
を表すマーク

義足や難病であること
をまわりの人に知らせ
るヘルプマーク

心臓など体の内部に障害が
あることを知らせるマーク

目の不自由な人の「白杖SOS
シグナル」のマーク

外出先で妊娠中と知らせる
マタニティマーク

病気や障害のある子どもが使
う子ども用車いすであること
を知らせるマーク

ベビーカーが安心して使える
場所や設備を表すマーク

障害のある人を雇ったり、雇
用を支援している会社や団体
を示すマーク

6

法律で決められた障害者マークは2つ

　バリアフリーのマークは、障害のある人もない人も、だれもが
くらしやすい社会にするためにつくられた。障害のある人には、
使いやすい建物や設備であることを知らせ、障害のない人には、
障害を理解し協力をうながすことを目的にしている。

　道路交通法では、障害者のために2つのマークが定められてい
る。聴覚障害者標識（5ｐ左）は、耳の不自由な人が車を運転する
ときには、必ず車につけなければならないマーク。初心者マーク
（若葉マーク）と同じように義務になっていて、つけていないと道
路交通法違反になる。身体障害者標識（5ｐ右）は、手足が不自由
な人が車を運転するときに車につけるマーク。高齢者マークと同
じで、つけなくても法律違反ではない。

　これらのマークをつけた車の走行をじゃますると、道路交通法
違反で罰せられる。

 ## 国際シンボルマークも2つある

　6ｐのマークはシンボルマークで、法律で決められてはいない
が、世界や国内で共通に使われているものだ。2つの「国際シン
ボルマーク」（6ｐ左上）はどちらも世界共通のマークで、国や言
葉がちがっていても一目でわかる。車いすをデザインした「障害
者のための国際シンボルマーク」は、車いすを利用する人だけで
なく、ケガをした人、高齢者など手助けが必要なすべての人を対
象にしていて、障害者が利用しやすい建物や施設（トイレ、駐車
スペースなど）、障害者が車に乗っていることなどを表している。

身体障害者補助犬法という
法律を知っていますか？

　補助犬マーク（6p）は、公共の施設や交通機関、デパート、病院、レストランなど、補助犬の受け入れを断ってはいけない場所にかかげて、補助犬への理解を広めるためのマークだ。「身体障害者補助犬法」は2012年にできたにもかかわらず、補助犬を連れていたら店に入るのを断られた障害者がまだ50～60%もいる（2018～2019年）。

　目が不自由な人を盲導犬が、手足が不自由な人を介助犬が、耳が不自由な人を聴導犬がサポートする。補助犬は社会のマナーやほかの人にほえないなどのきびしい訓練を受け、衛生面でもきちんと管理されている。駅や電車で補助犬をみかけても、さわったり、声をかけたりして、仕事のじゃまをしてはいけない。

盲導犬1頭の育成費用は500万円

　2020年4月1日現在、道路交通法施行令8条にもとづく盲導犬は909頭で、2010年から連続でへっている。1頭あたりの育成費用は約500万円で、約60万～200万円の補助金が行政から出るが、残りは寄付金だのみだ。また、子犬の時期に受刑者が育てることもあるが、育てる家庭（パピーウォーカー）がへっている。一方で、AIで動くスーツケース型の案内ロボットや、肩にのせた小型ロボットがカメラを通じて視覚をおぎなう「NIN_NIN」などの開発がはじまっている。また、現在介助犬は62頭、聴導犬は69頭で、これらもへってきている。

国は障害のある人の生きる権利をまもらなければならない

● **憲法13条**

国民はだれでも個人として尊重されて、
自分の生き方を自分で決めることができる。

● **憲法14条**

すべての国民は法の下に平等で、
どんな理由でも差別されない。

● **障害者の権利条約**

障害のある人の人権と基本的な自由はまもられ、
目標を達成するチャンスは平等にもつことができる。

● **障害者総合支援法2条**

障害のある人の生活をまもるために、
国は制度や施設を作って支援しなければならない。

● **障害者雇用促進法1条**

障害のある人もない人も平等に仕事ができるような社会にする。

● **障害者雇用促進法41条42条43条**

従業員の数に応じて、会社や国や自治体は
障害者を雇わなければならない。

9

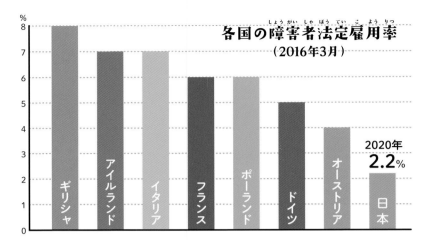

各国の障害者法定雇用率
（2016年3月）

2020年
2.2%

ギリシャ / アイルランド / イタリア / フランス / ポーランド / ドイツ / オーストリア / 日本

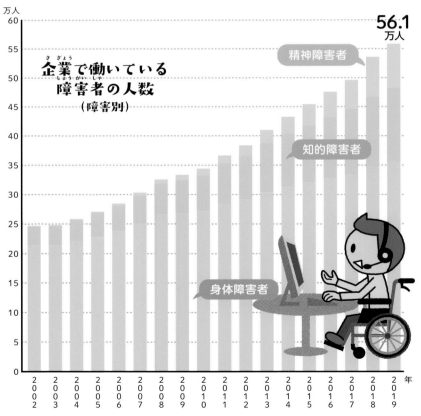

企業で働いている
障害者の人数
（障害別）

56.1
万人

精神障害者

知的障害者

身体障害者

2002 2003 2004 2005 2006 2007 2008 2009 2010 2011 2012 2013 2014 2015 2016 2017 2018 2019 年

憲法は障害のあるなしにかかわらず、すべての国民の平等を保障している

憲法14条は、障害のあるなしにかかわらず、国民はだれでも平等であるとしている。障害者基本法は、すべての人が人権をもつという国連の「障害者の権利条約」の考え方をもとに制定された。障害の区別なく、障害者の自立や社会参加を助けるしくみをつくり、さらによりよくすることをめざしている。

 ## 障害によってそれぞれ障害者手帳がある

この法律で定められている障害者とは、身体障害や、知的障害、精神障害のため、くらしにくく、生きにくい状態がつづいている人のことだ。身体障害者手帳（身体障害者福祉法）、療育手帳（「療育手帳制度について」厚生事務次官通知）、精神障害者保健福祉手帳（精神保健及び精神障害者福祉に関する法律）をもっていない人もふくまれる。どの手帳にも、程度や症状などに応じた「障害等級」という区分がある。手帳をもつかもたないかは自由だが、手帳をもつ人を対象にさまざまなサービスがある。

たとえば、医療費の補助金が出たり、税金が安くなったり、電車・バス・飛行機などの公共交通機関の運賃が割引になる。車いすや補聴器に補助金がでる。博物館や美術館などの公共施設の利用料が安くなったり、無料になったりする。

また、障害者は、地域の役所などで、自立してくらすために必要なサービスについて相談できる。さらに、仕事に就くための訓練や、就職先を紹介してもらうこともできる。

企業は一定の割合で障害者を雇う義務がある

　障害があってもなくても、自立して生活するにはお金が必要だ。病気やけがで法律に定める障害を負ったときには、国民年金法や厚生年金保険法にもとづいて、国から障害年金が支給される。障害の重さによって、月に8万1400円か、6万5100円（2020年）ほどだ。これだけで生活していくのは厳しいので、仕事に就かなくてはならない。働くことは障害者の人権のひとつだ。

　障害者雇用促進法は、働く人数に応じて一定の割合の障害者を雇うことを義務づけている（法定雇用率）。その割合は、国や地方公共団体は全従業員の2.5％、都道府県等の教育委員会は2.4％、民間企業は2.2％で先進国ではかなり低い（10p上のグラフ）。企業が達成できなければ、不足1人につき月5万円の納付金を国に支払い、上まわれば1人につき月2万7000円の調整金を受け取ることができる。

働いている障害者は全体の2割以下

　企業で働く障害者は、2019年には約56万人に増えた（10p下のグラフ）。しかし、それは18歳〜64歳の障害者約350万人の2割以下で、法定雇用率を達成できた企業は48％と半分もない。

　ITを使った在宅勤務や、離れたところから人型ロボットを操縦する仕事など、体力や症状に応じたさまざまな働き方を選べるようになれば、障害者の雇用人数は上がるはずだ。こうした障害者の働き方は、誰もが働きやすい社会のモデルにもなっていく。

母と子は法律で特別にまもられている

- ### 子どもの権利条約

  第2条
  すべての子どもはどんなことでも差別されずに、平等に権利をもっている。
  第6条
  すべての子どもは生きる権利と育つ権利をもっている。

- ### 憲法13条

  すべての国民は、一人ひとりがかけがえのない個人として尊重される。

- ### 母子保健法

  第2条　すべてのお母さんの健康はまもられる。
  第3条　すべての赤ちゃんの健康もまもられる。

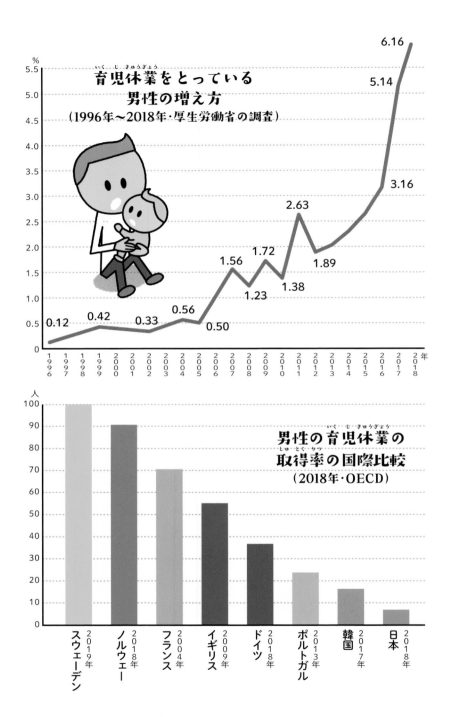

育児休業をとっている
男性の増え方
（1996年～2018年・厚生労働省の調査）

6.16
5.14
3.16
2.63
1.89
1.72
1.56
1.38
1.23
0.56
0.50
0.42
0.33
0.12

1996
1997
1998
1999
2000
2001
2002
2003
2004
2005
2006
2007
2008
2009
2010
2011
2012
2013
2014
2015
2016
2017
2018 年

男性の育児休業の
取得率の国際比較
（2018年・OECD）

スウェーデン 2019年
ノルウェー 2018年
フランス 2004年
イギリス 2009年
ドイツ 2018年
ポルトガル 2013年
韓国 2017年
日本 2018年

母子手帳（母子健康手帳）は日本の発明

　母子手帳は、母と子の健康と福祉をまもるために、1948年に日本で初めてつくられたもので、妊娠の届け出をすると受け取ることができる（母子保健法16条）。母子手帳は、厚生労働省令による全国共通の部分と、市町村が決める部分があって、表紙のデザイン、大きさ、ページ数などは自治体によってさまざまだ。

　母子手帳は、母子の健康について育てる人の知識を高め、健康診査や予防接種の記録にもなる。病気や障害のある子のためには「ケアラーズノート」（介護者のための手帳）もある。

 ## 世界40か国で使われている「命のパスポート」

　この手帳は日本からはじまり、世界約40か国で、その国にあわせて使われている。途上国では「命のパスポート」とよばれるほど大切にされており、世界医師会（WMA）でも、積極的に利用をすすめている。紛争地では、避難するときになくしてもいいように、電子版が使われている。日本でも、東日本大震災のあと、自治体によっては、電子版があわせて使われ、パソコンやスマホからも書き込めて、予防接種の時期を自動的に知らせてくれるなど、より便利になっている。

　父親向けの育児手帳を配布する自治体もあり、松本市がつくった「パパノート」や、日本精神科看護協会がつくった「パパカード」はインターネットからだれでもダウンロードできる。

出産後8週間は、働くことが禁止されている

　働いている女性が出産するときは、出産予定日の6週間前から産前休暇（産休）をとることができる（労働基準法第65条）。双子だと14週前からとれる。出産した後は、その翌日から8週間は働くことが禁止されている。この法律は、パート労働者、契約社員、派遣社員、正社員など、働き方にかかわらず、すべての女性労働者を対象にしている。

育児休業、男性は17人に1人しかとっていない

　1歳未満の子どもを育てているすべての保護者は、育児休業（育休）をとることができる（育児介護休業法）。最長2年までのばせて、そのあいだは育児休業給付金がもらえ（給料の67％、6カ月以降は50％）、健康保険や年金などの社会保険料は免除される。

　給付金額や受け取れる期間など、日本の育休制度のレベルは41か国中1位だ（ユニセフ・2018年）。しかし、育休を取る男性は増えてきたもののまだ17人に1人にすぎない（6.16％・2018年・14p上のグラフ）。しかも休んだ日数は約6割が5日未満で、1日しか認めていない企業もあり、名ばかりの制度になっている。

　出生率の上がっているスウェーデンはほぼ100％、ノルウェーは90％、フランスは70％以上の男性が育児休業をとっていて（14p下のグラフ）、スウェーデンでは男性が90日育休をとらないと、給付金ももらえないしくみになっている。

すべての
子どもの健康を
見まもる
法律がある

● **児童福祉法1条**
すべての子どもは、
まわりの大人によって生活をまもられ、
健康に育つ権利をもっている。

● **母子保健法12条**
市町村は、幼児の健康診査を
おこなわなければならない。

● **予防接種法5条**
市町村は、決められた予防接種を
しなければならない。

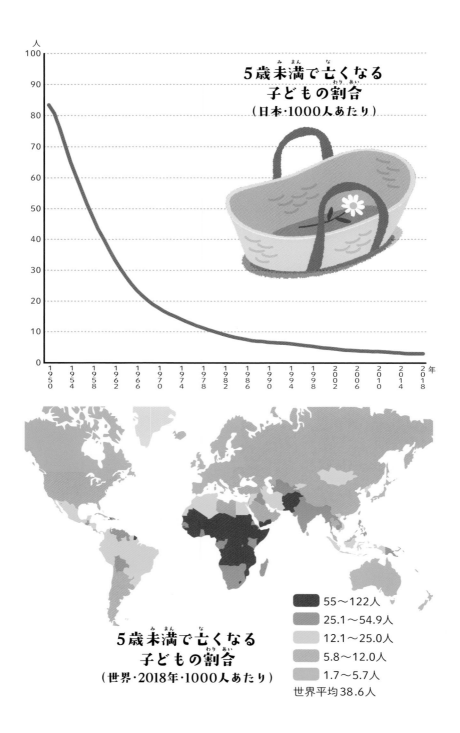

人

5歳未満で亡くなる
子どもの割合
（日本・1000人あたり）

5歳未満で亡くなる
子どもの割合
（世界・2018年・1000人あたり）

55〜122人
25.1〜54.9人
12.1〜25.0人
5.8〜12.0人
1.7〜5.7人
世界平均38.6人

18

生まれたてのすべての赤ちゃんの
健康検査が無料で行なわれている

　5歳未満で亡くなる日本の子どもの死亡率は、1000人あたり2.5人（18p上のグラフ・2018年）と世界でトップクラスの少なさだ。グラフでわかるように、1950年には80人を超え、かなり多かったが、乳幼児健康診査や予防接種がすすめられたおかげで激減した。

　日本では生まれたてのすべての赤ちゃんを対象に、20種の病気を見つける検査（新生児マススクリーニング）が無料で行なわれている（母子保健法）。そのままにしておくと心身障害を起こす病気をいち早くみつけ、早期に治療するためだ。

 ## 早期発見、早期治療、
難病の子どもには支援を

　乳幼児健康診査（母子保健法12条と13条）は、幼い子どもが健康に育つために、病気などの早期発見と予防を目的に、ほとんどの市区町村が無料で行っている。医師、保健師、栄養士や心理相談担当者などが、さまざまな面から子どもを診断し、結果を母子手帳に記録する。保護者は、その場で子育ての悩みを相談でき、ほかの子どもや保護者のようすを知ることもできる。

　治療法がまだない難病（指定難病333種）や、長い間治療が必要ながんや腎臓病、ぜんそくなど（小児慢性特定疾病819種）が見つかったら、医療費の助成を受けることができる（難病法5条や児童福祉法19条）。

予防接種は感染を広げないために行われている

　子どもを感染症からまもるために、予防接種の制度（予防接種法5条）がある。ポリオや風疹、はしか（麻疹）など、国や自治体が費用を負担し、接種することを強くすすめている「定期接種」と、おたふくかぜやインフルエンザなど、自分で費用を負担して受ける「任意接種」がある。もし、接種後に重い副反応で健康に被害が出たら、医療費が国から支払われるしくみになっている。

　予防接種は、からだのなかにワクチン（病原体を無毒化、あるいは弱毒化した医薬品）を入れて、感染する前に病原体からからだをまもる力（免疫）をつけておいて、感染症が人から人へ広がらないようにするために行われている。

ワクチンがない感染症は、あっという間に世界に広がる

　欧米ではほぼ撲滅したとされたはしかが増えている。予防接種を受ける人がへったのが原因といわれている。

　妊娠している人が風疹にかかると、生まれてくる赤ちゃんが難聴や心臓病などにかかることがある。日本の風疹は、子どものころに予防接種がなかった世代の男性が感染して広がった。

　海外との行き来が盛んになって、SARS（サーズコロナウイルス・2003年）、MERS（マーズコロナウイルス・2012年）、新型コロナウイルス（2020年）など、ワクチンが開発されていない新しい感染症は、すごいスピードで世界中に広がるようになった。

「学校へ行っては
いけない」という
法律がある

● **学校保健安全法19条**

まわりの人にうつすおそれのある病気になったら、
なおるまで学校や幼稚園、保育園に行ってはいけない。

● **学校保健安全法20条**

教育委員会や学校法人は学級閉鎖や学校閉鎖することができる。

● **感染症法12条**

医者は決められた感染症の患者を診断したら、
保健所に届け出なければならない。

● **学校教育法施行規則63条**

校長は災害のときには、臨時休校できる。

21

感染症はおもにこうしてうつる

接触感染
からだにふれて うつる

インフルエンザ、とびひ、梅毒、
新型コロナウイルスなど

飛沫感染
せきやくしゃみで うつる

インフルエンザ、百日咳、
新型コロナウイルス、おたふくかぜ、
風疹、プール熱など

空気感染
空気から うつる

結核、はしか、みずぼうそうなど

経口感染と媒介物感染
水や血液、食品、生物 からうつる

ノロウイルス（便など）、コレラ（水）、
食中毒（食品）、ウイルス性肝炎（血液）、
マラリア（蚊）など

かかったら学校に行ってはいけない病気が決められている

　学校感染症（学校保健安全法19条・学校保健安全法施行規則18条）にかかると、学校や幼稚園、保育園などを休まなければならない。インフルエンザ、百日咳、はしか、おたふくかぜ、風疹、みずぼうそう、プール熱などが対象だ。登校を禁止するのは、集団でいると感染症が広がりやすいためだ。症状がなくなっても、法律で決められた期間、または医師が許可するまで休むことになる。感染を広げないことが目的だから、休みの間は友だちと遊ぶことも禁止だ。仕事をしているおとなも、法律で決められた感染症になったら会社に行ってはいけないことになっている。

クラスの20％が欠席したら学級閉鎖

　学級閉鎖や学年閉鎖、学校閉鎖も法律で決められていて、「臨時休業」という。何人休んだらという人数までは決められていないので、自治体や校長などがそのつど決めている。欠席率が20％になったときがひとつの目安とされているが、25％にしている学校もあれば、10％のとき（2009年・東京都・新型インフルエンザ）もある。吐いたり、ひどい下痢を起こしたりするノロウイルスなどは、状況によっては欠席率が低くても、学級閉鎖になる。

　2020年に流行した新型コロナウイルスのときは、学校に感染が確認された人が一人もいなくても、国からの要請（お願い）で全国のほとんどの小学校・中学校・高校が何か月も休校になった。

すべての子どもは
教育を受ける権利をもっている

　「学校に行ってはいけない」という法律がある一方で、すべての子どもの学ぶ権利を保障する法律がある。特別支援学校や特別支援学級は、障害をもっている子どもたちのために、学習しやすいような環境が整えられた学校だ（学校教育法72条）。

　病気で長いあいだ入院している子どもたちのためには、病院のなかで勉強できる院内学級がある。また、通っていた学校の教室にカメラとスピーカーつきの分身ロボットなどを置いて、タブレット端末を使って病院で学校の授業をうけることもできる。

障害をもつ子どものための
無料教育アプリ

　障害をもつ子どもの学びを助ける無料アプリはいくつもある。ページがめくりにくいとか、文字が見えにくいときには、タブレット端末用のアプリ「ＵＤブラウザ」で、教科書の文字を拡大したり、読みあげたりすることができる。

　話し言葉でコミュニケーションをとるのが苦手な人向けのアプリ「ドロップトーク」は、物や動作を表したイラストを並べて、文章をつくったり、読み上げたりすることができる。聴覚障害者の会話をサポートするアプリ「音声文字変換」は、70以上の言語や方言にも対応し、筆談（文字で言いたいことを伝える）よりも速く音声を文字に変えることができる。こうしたアプリは障害のあるなしにかかわらず、だれにとっても価値のあるものだ。

たばこやお酒は、
20歳（さい）までは
禁（きんし）止されている

20歳未満への
お酒・たばこの販売は
いたしません

● 未成年者喫煙禁止法
　1条　20歳になるまではたばこを吸ってはいけない。
　4条　20歳未満の人にたばこを売ってはいけない。

● 健康増進法29条
　多くの人が使う施設（しせつ）では、たばこを吸ってはいけない。

● 未成年者飲酒禁止法
　1条　20歳になるまではお酒を飲んではいけない。
　4条　20歳未満の人にお酒を売ってはいけない。

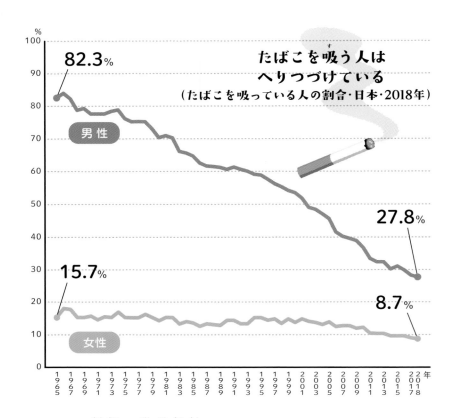

たばこを吸う人は
へりつづけている
（たばこを吸っている人の割合・日本・2018年）

% 100

82.3%

男性

90
80
70
60
50
40
30
20
10
0

27.8%

15.7%

女性

8.7%

1965 1967 1969 1971 1973 1975 1977 1979 1981 1983 1985 1987 1989 1991 1993 1995 1997 1999 2001 2003 2005 2007 2009 2011 2013 2015 2017 2018 年

屋内は全面禁煙の法律がある国
（青色の国・2016年）

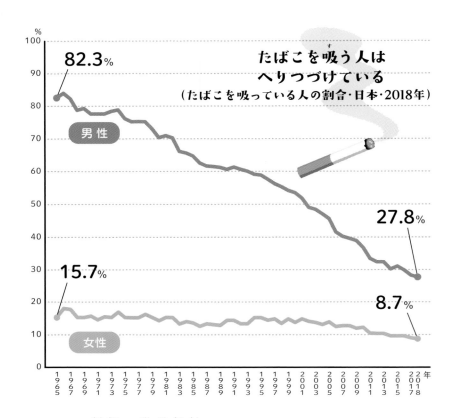

26

20歳未満の人にたばこを売ると罰金を払わなければならない

　日本の喫煙率は1965年から2018年までの53年間で、男性は約3分の1に、女性は約半分にへった（26p上のグラフ）。ただ、男性の喫煙率は、先進国の中ではまだ高いほうだ。

　喫煙は、「未成年者喫煙禁止法」という法律で、20歳になるまで禁じられている。20歳未満と知りながら店員がたばこを売ると、店員と店それぞれに罰金刑が科される。たばこは、がん・心臓病・ぜんそくなどの原因で、若いほど影響が出やすく、たばこにふくまれるニコチンの中毒にもなりやすい。

　しかも、ニコチンやタールなど有害物質や発がん性物質は、喫煙者が吸いこむけむりより、たばこから立ちのぼるけむりのほうが多い。そのけむりを吸わされてしまうと（受動喫煙）、さまざまな病気を引き起こす危険性が高くなる。

屋内全面禁煙の国は55か国もある

　20歳未満の人の喫煙エリアへの立ち入りは、すべて禁止だ。学校や病院、行政機関などの室内は完全禁煙、屋外も特別な喫煙場所以外は敷地内が原則禁煙となった。お店や鉄道も喫煙専用室以外は禁煙だが、小規模の飲食店（飲食店全体の55％）は表示すればたばこを吸える。20歳未満の人が外食をするときには、店の入口にある掲示で禁煙かどうかを確かめなければならない。

　世界ではもっと受動喫煙の規制がすすんでいて、小さな店もふくめて、屋内全面禁煙の国は55か国もある（26pの世界地図）。

若い人ほどアルコール依存症になりやすい

　民法が改正されて、2022年4月1日からは18歳で成年となる。しかし、たばことお酒はこれまで通り20歳までは禁止されたままだ（未成年者飲酒禁止法）。日本人の約35％はアルコールを分解する能力が弱く、急性アルコール中毒になりやすい体質だ。とくにアルコールを分解するしくみが育っていない子どものうちは、脳が縮み、性ホルモンのバランスがくずれて第二次性徴（子どもからおとなへの身体の変化）がすすまないといわれている。

　また、若いほどアルコール依存症になりやすい。中年男性だと習慣的な飲酒をはじめてから15〜20年かかるが、10代だと数か月から2年で依存症になってしまう。

　大学生など若い人の一気飲みで、急性アルコール中毒による死者が出ていて、無理に飲ませるのは禁止されている（アルコールハラスメント＝相手を傷つける人権侵害）。

 ## 20歳未満の人にお酒を売ると罰せられる

　未成年者飲酒禁止法は、お酒を飲んだ20歳未満の人を罰するのではなく、子どもの健康をまもるために、まわりのおとなに見まもる義務を負わせている。20歳未満と知りながら店員がお酒を売ると、店員と店はそれぞれに罰金刑を受ける。

　海外では、お酒の販売時間や販売場所を厳しく制限したり、公園や道路、列車内など公共の場での飲酒を禁止している国も多い。

ゲーム依存症は深刻な病気として認定されている

● 2019年、世界保健機関（WHO）は、病気の世界的統一基準の国際疾病分類（ICD）に、「ゲーム障害」を追加した

● **大麻取締法3条**

大麻を育てたり、もっていたり、使ったり、ゆずりわたしたりしてはいけない。

● **覚せい剤取締法13条〜19条**

覚せい剤を作ったり、もっていたり、使ったり、ゆずりわたしたりしてはいけない。

● **麻薬及び向精神薬取締法12条**

覚せい剤、ヘロイン、ＬＳＤ、危険ドラッグなどを作ったり、もっていたり、使ったり、ゆずりわたしたりしてはいけない。

● **毒物及び劇物取締法3条**

シンナーを吸うために作ったり、もっていたり、使ったり、ゆずりわたしたりしてはいけない。

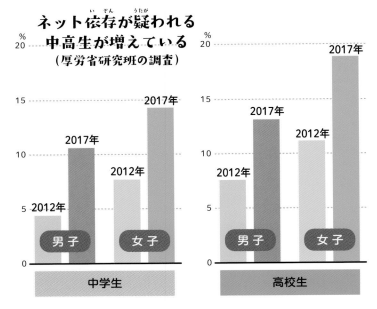

ネット依存が疑われる
中高生が増えている
（厚労省研究班の調査）

中学生

高校生

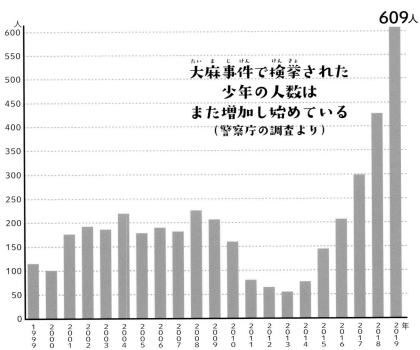

609人

大麻事件で検挙された
少年の人数は
また増加し始めている
（警察庁の調査より）

WHOはゲーム依存症を「こころの病気」のひとつと認定している

　世界保健機関（WHO）による病気の分類（ICD）が2019年に約30年ぶりに改訂されて、オンラインゲームなどのやりすぎで日常生活がむずかしくなる「ゲーム障害」を、ギャンブル依存症と同じ「こころの病気」とした。

　（1）ゲームをする時間や回数を自分でコントロールできない、（2）ゲームを最優先する、（3）問題が起きているのにつづける、といったことが1年以上つづいて、健康や社会生活がそこなわれると、「ゲーム障害」と診断される。

93万人の中学生・高校生がネット依存症、その9割はゲーム依存

　日本では中学生・高校生の7人に1人、約93万人にゲーム依存をふくめたネット依存の疑いがあり、男子より女子のほうが多い。「依存症」の専門病院・久里浜医療センターを2016年〜2017年に受診した人のうち、ネット依存の約90％がゲーム依存だった。小中学生ほどすぐに重症になり、治療に時間がかかる。

　依存症は本人の意思が弱いためではなく「病気」だ。ゲームのしすぎで脳の働きに異変がおきて攻撃的になったり、からだを動かさないので血流が悪くなって命をおとしたり（静脈血栓塞栓症＝エコノミークラス症候群）、ちいさな画面を見つづけているため、黒目が中央に寄る「斜視」になったりする。ゲーム依存をなおすには、社会とのかかわりを強めることが大切といわれている。

薬が脳を支配する薬物依存症

依存症にはゲームのほかに、アルコールやたばこ（ニコチン）、ギャンブル、買い物などがある。なかでも危険なのは薬物依存で、違法な大麻（マリファナなど）、覚せい剤、ヘロイン、LSD、危険ドラッグ、シンナーなどの薬物をからだに取り込んで起こる依存症だ。一度だけのつもりでも、気づくと依存症になって、自分の生活が支配されてしまう。やめようと思ってもやめられず、日常生活が送れなくなる。しかもからだが薬物に慣れてしまうので、同じ効果を得るために薬物の量がどんどん増えていく。

薬物依存症は、薬物によって脳がのっとられた状態になり、行動や考え方が支配されてしまう「病気」だ。

大麻はもっているだけでも罪になる

シンナーは、脳をまもっている膜をかんたんに通りぬけて、脳細胞を溶かしてしまう。大麻を吸うと、脳神経の回路が切れて、犯罪や交通事故をおこす。とくに、若いうちに使うと、脳神経がつくれなくなり、記憶力や学習能力が低くなる。大麻はもっていたり、育てたりすることも「大麻取締法」で禁止されている。

ところが最近、大麻による事件で逮捕される20歳未満の少年が急増している（30p下のグラフ）。SNS上には「たばこより安全」「依存性がない」など、まちがった書き込みがあふれている。依存症を治療する特効薬はない。さそわれてもキッパリ断ることが、自分の未来とまわりの人びとをまもることになる。依存症は「孤独の病」ともいわれ、家族や友人とつながることが大切だ。

薬には
きびしいきまりが
あります

● **医薬品医療機器等法1条**

薬は、品質、効果、安全性が国によってきびしく決められている。使うときには、用法用量をきちんとまもらなければならない。

● **医薬品医療機器等法14条**

国の審査を通って承認されたものだけが医薬品、医薬部外品、化粧品として販売される。

医薬品と医薬部外品、化粧品は国の承認が必要

医薬品

病気の「治療」を目的とした薬で、有効成分の効果を国が認めているもの。医師の診断にもとづいて薬局で処方される「医療用医薬品」と、ドラッグストアで買える「市販薬」（かぜ薬、痛み止めなど）がある。

医薬部外品

国が許可した効果が認められる成分が、決められた量ふくまれているもので、コンビニやスーパーでも買える。「治療」というより「防止・衛生」が目的で、「薬用」と表示できる（栄養ドリンク、歯みがき剤、育毛剤、汗止めなど）。

化粧品

医薬部外品にくらべて、効果がもっとおだやかで、「清潔や美しさ、すこやかにたもつこと」が目的（化粧水、口紅、ハンドクリームなど）。化粧品の一部は医薬部外品で「薬用化粧品」と表示されている（薬用シャンプー、日焼け止めなど）。

健康食品の見分け方

保健機能食品

効果を表示できる

● **トクホ**
（特定保健用食品） 許可制

国が効果や安全性を製品ごとに審査して、許可した健康食品で、トクホマークを表示できる。

（消費者庁許可／特定保健用食品）

● **栄養機能食品** 届け出不要

国が効果を認めた栄養成分が、決められた量ふくまれている健康食品で、届け出は不要。国が定めた表現で効果を表示できる。

● **機能性表示食品** 届け出制

効果を説明した論文などを国に届け出れば、企業の責任で表示できる。国の審査は不要。

一般食品

効果を表示することはできない

サプリメント、栄養補助食品、健康補助食品、自然食品などと書かれている食品は「一般食品」で、効果を表示することは認められていない。

国が「医薬品」と承認したものだけが「薬」

　薬は、病気の治療、予防、診断のために使われる薬品で、法律で「医薬品」として定められている（医薬品医療機器等法2条）。効き目や安全性など、国の厳しい審査を通ってはじめて薬として認められ、許可された薬局やドラッグストア、コンビニなどでしか買えない。医薬品は医師の処方せんが必要なものと、処方せんなしで買える市販薬に分けられる。34pの図のように、医薬品のほかに、医薬部外品、化粧品があり、どれも国の承認が必要だ。

おとな用の薬を子どもに使ってはいけない

　薬の量を勝手にへらして子どもに与えてはいけない。
　薬の効き目を高めるためには、血液のなかの薬の有効成分の濃さが一定になるように保つ必要がある。そのために、薬は飲む量や、回数・時間が決められている。こうした薬の量は、薬を分解する肝臓のはたらきや、薬をからだの外に出す腎臓のはたらきも考えて処方されている。子どもは、このはたらきが十分整っていないので、薬の副作用の危険性が高いのだ。からだがおとなと同じようになる15歳になれば、おとな用の薬を使うことができる。
　子ども用に使える薬は薬全体の約30％で、抗がん剤は6％しかなく、開発がすすんでいない。欧米では製薬会社にその開発を義務づけている。

国が効果や安全性を認めている
食品は「トクホ」だけ

健康食品には、いろいろな種類があるけれども、どれも医薬品ではなく食品だ。そのなかで、国が安全性や効果を認めているのは、「トクホ」のマークがついている「特定保健用食品」だけだ（34pの図）。

サプリメントは薬ではない

よく広告で見られる健康食品やサプリメントとよばれるものには、薬のような形をしたものがある。しかし、法律で決められた効果や安全性の審査を通っていないので、病気を治したり予防したりする保証はない。

病気の人がサプリメントを使うと、かえって病気の治療をさまたげたり、サプリメントと薬が思わぬ反応をして悪化したりすることがある。とくに、子ども向けのジュニアサプリは、からだにいいと思われがちで、手軽に飲めるので注意が必要だ。

サプリメントにふくまれているビタミンやミネラルは、1日に必要な量が決まっている。飲めば飲むほどよく効くわけではないし、とりすぎは肝臓などに負担をかける。また、子どもが食事ではなくサプリにたよると、内臓の消化吸収のはたらきがうまく育たないおそれがあるといわれている。

栄養ドリンクには「医薬品」または「医薬部外品」という表示とともに、有効成分が書いてある。しかし、栄養ドリンクのなかには、「清涼飲料水」という表示しかないものもある。

● **食品安全基本法3条**

国民の健康をまもることが一番大事なことだ。
そのために食品の安全をまもる。

● **食品衛生法6条**

人の健康をそこなうおそれがある食品を売ってはいけない。

● **食品表示法4条**

販売する食品は、その安全性がわかる食品表示をしなければならない。
（アレルギーの原因になる食品、保存の方法、消費期限、原材料、
添加物、栄養成分の量、カロリー、原産地など）

食品の賞味期限の表示

イチゴ
ジャム

たまご

水

名　　　称	ナチュラルミネラル
原材料名	水(深井戸水)
内 容 量	2000ml
賞味期限	キャップに記載
保存方法	開栓前は直射日光
採 水 地	長野県安曇野市

遺伝子組換え食品の表示

とうふ

豆腐／原材料名:大豆(遺伝子組換えでない)、凝
肪酸エステル)／内容量:150g／賞味期限:表面記
～10℃)／製造者:相模屋食料株式会社　群馬県
い合わせ先☎0120-710276(土・日・祝日を除く月〜
開封後は、賞味期限にかかわらずお早めにお召し」
有記号は賞味
記載。製造者

なっとう

称	納 豆		
名	丸大豆(国産)(遺伝子組み換えでない)、納		
れ:醤油(小麦を含む)、カツオブシエキス、み			
らし:からし、食塩／酸味料、酒精、着色料(ウ			
ンC			
量	(納豆40g+たれ5g+からし0.8g)×3	保存方法	要冷
限	天面右下に記載		

ポテトチップス

ポテトチップス
じゃがいも(遺伝子組換えでない)、
植物油、食塩、コーンスターチ、こんぶ
エキスパウダー／調味料(アミノ酸
等)、酸化防止剤(ビタミンC)
65g
表面に記載

アレルギーのもとになる7つの食品

卵　　　乳　　　小麦　　　えび　　　かに　　　落花生　　　そば

○賞味期限は、未開封で保存した場合の期限で
　す。開封後はお早めに召し上がりください。
○おいしさと鮮度を保つため、脱酸素剤の小袋
　が入っています。必ず取り除いてください。
○本品製造工場では、乳、小麦を使用した製品
　を生産しています。

この商品について
の点がございまし
相談室」へお知ら
0120-71

食品に使われているかどうかの表示が義務づけられている

食品に何がふくまれているか、表示が義務づけられている

　食品を買うときに、それが健康に害のない安全なものかどうか、表示を見て選ぶことができる。「食品衛生法」では、有毒・不衛生な食品や飲み物の販売を禁じていて、添加物や残留農薬、製造方法、成分について基準を定めている。その情報を伝えることが「食品表示法」で決められていて、コンビニで買ったペットボトルのお茶やおにぎり、輸入チーズにも、原材料名、栄養成分、添加物、保存方法、賞味期限、原産地（国）などが表示されている。

遺伝子組換え食品は表示義務があるが、ほとんど見かけない

　作物の品種改良は、ダイズならダイズどうしをかけあわせて新しい品種をつくってきた。何度も試し、何年もかけてすすめる。一方、遺伝子組換えは、別の生物、たとえば細菌の遺伝子（生物の細胞をつくる設計図）をダイズにくみこんで、ダイズの葉を食べる虫を殺す新しい品種をつくりだすような技術だ。安全性が確認されていないのに、表示義務のある食品はわずかで、そのうえ使われている量が多い順に4番目以降のものは表示しなくてもいいことになっている。そのため、実際には使われているのに「遺伝子組換え食品」と表示された食品はほとんどみかけない。逆に、表示義務がないのに「遺伝子組換えでない」と書かれている食品が多い（38p右上）。日本では栽培はしていないが、遺伝子組換え作物を大量に輸入し、世界でもトップクラスの消費国だ。

アレルギーを起こす物質は表示が義務づけられている

　アレルギーの原因となる物質は「アレルゲン」（抗原）といって、花粉、ダニ、ハウスダスト、食品、薬など、いくつもある。どのアレルゲンに反応するかは人によってちがうし、年齢によって変わることもある。また、食物アレルギーは、食べ物を食べたときだけでなく、さわったり、吸い込んだりしても起こる。

　アレルゲンによるショック症状（アナフィラキシー反応）では、じんましんや呼吸困難が起こり、意識がなくなることもある。こうしたことをふせぐために、食品にふくまれるアレルゲンを包装などに表示することが義務づけられている（食品表示法４条）。

必ず表示しなければならない７つの品目

　発症数が多いものや、アレルギー反応がはげしいものは特定原材料として、７品目が指定されている。卵、乳、小麦、えび、かに、落花生、そばで、これらは必ず表示しなければならない。ただし、外食の料理や量り売りのお惣菜、店内で調理されるお弁当やハンバーガー、ケーキなどは表示しなくてもいいことになっている。だから、そのつどメニューで確認したり、聞くなりしてアレルゲンを自分で確かめる必要がある。

　７品目以外のアレルゲン21品目（いくらやオレンジなど）は、表示したほうがいいとされているだけで義務はない。アレルギーチェッカーというアプリで商品のバーコードを読み込めば、自分のアレルゲンがふくまれているか調べることができる。

お金がなくても、医療を受けられます

- **国民健康保険法 5 条 6 条**

  日本に住んでいる人は国が定める
  公的な健康保険のどれかに入る義務がある。

- **国民健康保険法 57 条の 2**
  健康保険法 115 条

  医療費が高額になったら全部ではなく、
  決められた金額を支払えばいい。

- **医師法 19 条**

  医師には応召義務がある。

- **生活保護法 11 条 15 条**

  生活保護には医療費を支援するしくみがある。

健康保険で病院にかかったときに 自分で払う費用の割合

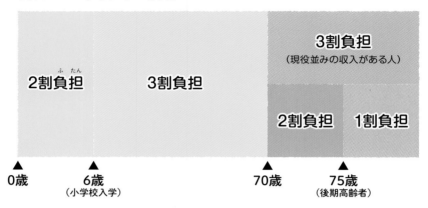

2割負担

3割負担

3割負担
（現役並みの収入がある人）

2割負担　**1割負担**

▲　　　　　▲　　　　　　　　▲　　　　▲
0歳　　　6歳　　　　　　　70歳　　75歳
　　　（小学校入学）　　　　　　　（後期高齢者）

医療費がたくさんかかったときは、 一定額以上は払わなくてもよい

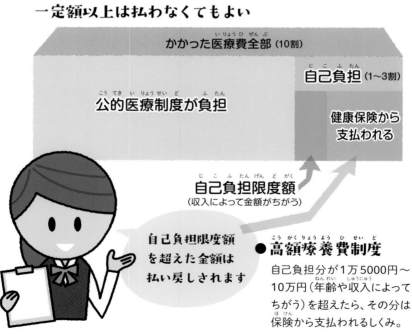

かかった医療費全部（10割）

自己負担（1〜3割）

公的医療制度が負担

健康保険から
支払われる

自己負担限度額
（収入によって金額がちがう）

自己負担限度額
を超えた金額は
払い戻しされます

● **高額療養費制度**

自己負担分が1万5000円〜
10万円（年齢や収入によって
ちがう）を超えたら、その分は
保険から支払われるしくみ。

健康保険制度は、病気の人をみんなで支える制度

　日本に住んでいるすべての人は、年齢に関係なく保険料を払って、公的な医療保険に入る義務がある。外国人も3か月を超えて在留資格があれば、入ることが義務づけられている（国民健康保険法）。医療保険は大きく3つに分けられる。自営業や無職の人が入る国民健康保険、会社員が入る健康保険、75歳以上の人が入る後期高齢者医療制度だ。この制度全体を「国民皆保険」という。

　この制度のおかげで、保険証さえあれば日本全国どこでも、だれでも、自由に医療を受けることができる。そのうえ、医療費は全額を払わなくてもよい。かかった医療費のうち、年齢と収入に応じて1〜3割を負担すればいい。小学校に入学するときから70歳未満の人は3割、小学校に入学前の子どもは2割（市区町村の負担によってほとんどが無料）、70歳以上は収入に応じて1割から3割を払う。残りの費用はみんなが払っている保険料と税金でまかなわれている。

世界から高く評価されている日本の医療保険制度

　医療保険制度は、病気になったとき、個人の負担が少なくてすむように、みんなで支えあう公的な「社会保険制度」のひとつで、医療費が多くかかる乳幼児と高齢者を、より手厚くまもるしくみになっている。こうした日本の医療制度は、世界保健機関（WHO）からも高く評価されている。

医師は患者の治療を断ることはできない（応召義務）

　医師法には「医師は、診察治療の求があつた場合には、正当な事由（理由）がなければ、これを拒んではならない」というきまりがある（第19条第1項）。終戦直後の1949年に厚生省通達で示されたもので、医師が病気や不在のとき、診療時間外、患者に緊急性がないなど、正当な理由がなければ、医師は患者の治療を断れないことになっている。たとえ以前に、治療費を払わなかったことがあっても、それを理由に治療を拒否することはできない。そのうえで、治療費を払えない人には、そのための制度が用意されている。

健康保険料が払えなくて、保険証がないときは…

　1年間保険料を払えなくて、保険証の有効期限が切れてしまったら、普通の保険証の代わりに「短期被保険者証」を受け取ることができる。この保険証は、病院などの窓口で普通の保険証と同じように使えて、医療費の3割を支払えばいい。ただ有効期間が1〜6か月で、更新のたびに市区町村での手続きが必要だ。

　健康保険料をずっと払わないでいると、保険が使えなくなって、医療費の全額を自分で払うことになってしまう。保険が使えなくて、治療費を払えないときは、全国に429か所（2020年6月）ある「無料低額診療」（社会福祉法第2条）を行う病院や診療所を利用すると、治療費の自己負担分の一部を払うか無料になる。

介護(かいご)が必要に
なったら、
みんなで高齢者(こうれいしゃ)
を支えます

● **憲法 25 条**

すべての国民は、健康で文化的な、最低限度の生活を送る権利をもっていて、国はこれを保障するための制度を整備しなければならない。

● **国民年金法 2 条**

国民が高齢になったり、障害をおったり、死亡したら、本人やその家族へ国民年金が支払われる。

● **厚生年金保険法1条**

会社員が高齢になったり、障害をおったり、死亡したら、本人やその家族へ厚生年金が支払われる。

● **育児介護休業法11条16条**

働いている人は家族を介護(かいご)するために、解雇(かいこ)されずに休みを取ることができる。

● **介護保険法1条**

高齢者は人格を尊重され、自立した日常生活が送れるよう、必要なサービス受けることができる。

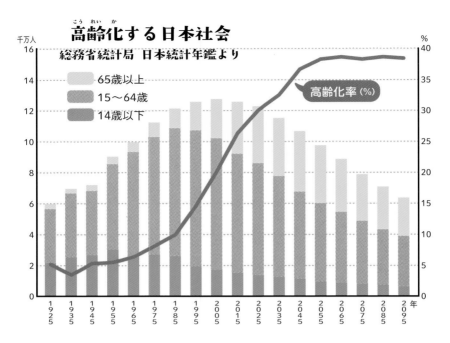

高齢化する日本社会

千万人

総務省統計局　日本統計年鑑より

- 65歳以上
- 15～64歳
- 14歳以下

高齢化率（%）

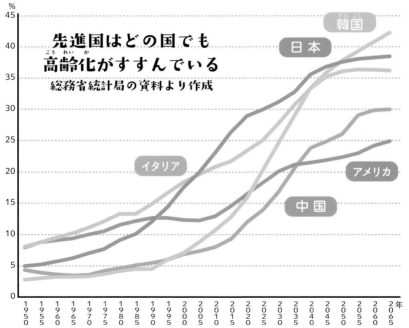

%

先進国はどの国でも
高齢化がすすんでいる

総務省統計局の資料より作成

韓国

日本

イタリア

アメリカ

中国

老後を支えあう老齢年金制度

　日本は世界でもっとも高齢化がすすんでいて、人口が少なくなりながら、高齢者は増えていく（46pのグラフ）。専門機関の推計によれば2035年には3人に1人が65歳以上の高齢者となり、介護を必要とする人も急増するといわれている。

　高齢者の生活を支えるためになくてはならないのが、年金と介護の制度だ。高齢になって働けなくなったときに、国から受け取るお金が「老齢年金」。年金にはほかに障害を負ったときに受け取る「障害年金」と、死亡したときに家族が受け取る「遺族年金」がある。

　20歳から60歳までの国民全員が、収入に関係なく毎月1万6540円（2020年）の国民年金保険料を支払う。その資金に税金を加えて年金として支給し、老後を支えあうしくみで、健康保険や雇用保険と並ぶ公的な「社会保険制度」のひとつだ。経済的な理由で年金の保険料が払えないときは、手続きをすれば免除される制度がある。その場合、受け取る老齢年金は少なくなるが、決められた期間内にあとからおさめれば、年金がへることはない。

 # 国民年金と厚生年金がある

　老齢年金は、保険料をおさめた期間や支払額に応じて、老後に受け取る金額が決まる。自営業や無職の人は国民年金から老齢年金を受け取る。会社に勤めていた人は、国民年金に上乗せして厚生年金の保険料を払っているので（半分は会社が負担する）、老齢年金と厚生年金の両方を受け取ることができる。

介護のために会社を休むことができる

　年を重ねると体力が落ちて、できないことも増えてくる。そのときに高齢者の生活を支えるのが介護だ。介護は家族にたよることが多いが、働きながら介護するときは、介護休暇や介護休業の制度を利用する（育児介護休業法）。アルバイトでも6か月～1年以上勤めていれば、年に5日間の介護休暇、93日間の介護休業が取れる。介護休業を取ると給料の代わりに、介護休業給付金を受け取ることができる。この法律は、仕事と介護を両立させて働きつづけるためにつくられたものだ。介護の担い手が足らず、18歳未満の子どもが介護する「ヤングケアラー」が増えているが、年齢にふさわしくない重い負担はへらす必要がある。

少ない負担で介護サービスを受けることができる

　介護は24時間つづいたり、体力や気力を使うので、仕事をしていない家族にとっても重労働だ。また、一人ぐらしで介護が必要になることもある。そこで、利用できるのが介護サービス（介護保険法）だ。サービスを受けるには、まず市区町村で介護が必要かどうかの認定を受ける。要介護度（5段階）に応じて、利用できるサービスが分かれている。サービスにかかる費用は所得に応じて、1～3割を自分で払えば、残りの費用は、介護保険から支払われる。介護保険は、40歳以上のすべての国民が支払う介護保険料（市区町村によって金額はちがう）と税金でまかなわれていて、介護が必要な人を社会全体で支えるしくみだ。

国には、
病気やけがで
収入がない人を
支える義務がある

● **憲法25条**

すべての国民は、健康で文化的な、最低限度の生活を
送る権利をもっていて、国はこれを保障するための制度を
整備しなければならない。

● **生活保護法1条**

憲法25条にもとづいて、国は生活にこまっているすべての
国民の健康で文化的な最低限度の生活をまもる義務がある。

● **子どもの貧困対策法1条**

すべての子どもは生まれた家や育った環境で
差別されることなく、健康に育ち、教育を受けることができる。

● **子どもの権利条約2条**

すべての子どもはだれひとり差別されることはない。

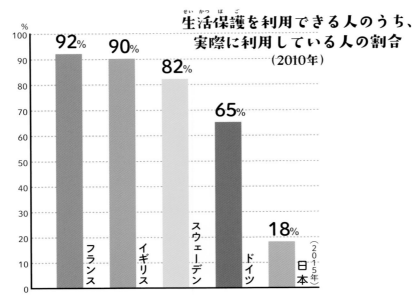

生活保護を利用できる人のうち、
実際に利用している人の割合
（2010年）

- フランス 92%
- イギリス 90%
- スウェーデン 82%
- ドイツ 65%
- 日本（2015年） 18%

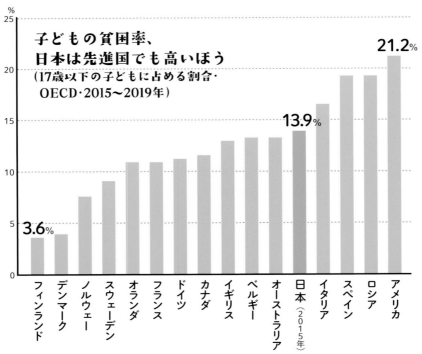

子どもの貧困率、
日本は先進国でも高いほう
（17歳以下の子どもに占める割合・
OECD・2015〜2019年）

- フィンランド 3.6%
- デンマーク
- ノルウェー
- スウェーデン
- オランダ
- フランス
- ドイツ
- カナダ
- イギリス
- ベルギー
- オーストラリア
- 日本（2015年） 13.9%
- イタリア
- スペイン
- ロシア
- アメリカ 21.2%

税金で富を再配分するしくみ

　国には、病気やけがで収入がなくなったり、はたらいても最低限度の生活ができなくなったりした人を支える義務があると憲法で定めている（憲法25条）。そのための具体的なしくみが「社会保障制度」で、4つの柱でできている。①収入の少ない人を経済的に助ける生活保護や児童扶養手当などの「公的扶助」、②親と離れてくらす子どもやひとり親家庭にサービスを提供する「社会福祉」、③国民の健康をまもる「公衆衛生」、④病気に備える医療保険や失業に備える雇用保険、老後に備える介護保険、年金保険などの「社会保険」だ。

　社会保障の費用は保険料と税金でまかなわれていて、収入の多い人から多くのお金を集め、こまっている人に再配分している。

生活保護を受けている人の割合が極端に低い日本

　だれもが安心してくらすためには、この制度がいつでも安心して使えることが大切だ。しかし、日本の生活保護を受けている人の割合は、人口の1.7％でほかの国と比べると大変低い。生活保護を利用する権利のある人のうち、実際に利用している人の割合は、日本は15.3〜18％で、これも極端に低い（50p上のグラフ）。

　制度をきちんと知らされていなかったり、手続きがむずかしかったり、世間体を気にして十分に利用されていないのだ。生活保護の制度は生活にこまった理由に関係なく、だれでも自由に申請して利用することができる国民の権利である。

日本の子どもの貧困率はかなり高い

　日本の子どもの貧困率は13.9％（2015年）で、17歳以下の子どもの７人に１人、ほかの先進国 に比べてかなり高い（50ｐ下のグラフ）。貧困率は国民の収入を高い順に並べ、ちょうど真ん中にくる人の収入の、半分以下でくらしている子どもの割合だ。

　日本のひとり親世帯では、半分が貧困状態で、先進国では最悪のレベルである。母親の８割以上が働いているのに、子育てと両立できる仕事を選ぶと、賃金が低くなってしまうからだ。

 # 子どもの貧困対策法、子ども食堂、無料塾、フードバンクの取り組み

　貧困な状況におかれている子どもは、毎日の食事がおろそかになり、虫歯が増えるなどして、将来の生活習慣病（高血圧・糖尿病などの慢性の病気）につながる。また、学習や進学などでも、不利な状況に置かれやすい。

　児童扶養手当などで、日本の子どもの貧困率がへった割合は18％にすぎず、先進37か国の平均37.5％の半分以下だ。

　子どもの貧困対策法で、国は貧困の悪循環を断ち切るために、奨学金の充実や高校の授業料を無料にするなどの教育支援、親の就職のための職業訓練、ひとり親家庭への経済的支援などを行っているが不十分である。

　民間では、無料か数百円で利用できる子ども食堂、無料塾、居場所づくり、品質に問題のない食品を必要な人に渡すフードバンク、子どものための無料の法律相談などが行われている。

出典と参考文献

全体について
- ◉ 電子政府の検索窓口
  https://elaws.e-gov.go.jp/search/elawsSearch/elaws_search/lsg0100/
- ◉ 『子どもによる子どものための「子どもの権利条約」』
  小口尚子 文／福岡鮎美 文／小学館／1995年8月

5p. バリアフリーのマーク、いくつ知ってる?
- ◉ 障害者に関係するマーク 内閣府
  https://www8.cao.go.jp/shougai/mark/mark.html
- ◉ 補助犬の実働頭数 厚生労働省
  https://www.mhlw.go.jp/stf/seisakunitsuite/bunya/0000165273.html

9p. 国は障害のある人の生きる権利をまもらなければならない
- ◉ 障害者の権利に関する条約(障害者権利条約) 外務省
  https://www.mofa.go.jp/mofaj/gaiko/jinken/index_shogaisha.html
- ◉ 民間企業で働いている障害者数の推移 厚生労働省
  https://www.mhlw.go.jp/content/11704000/000580481.pdf
- ◉ 『わたしが障害者じゃなくなる日』海老原宏美 著／旬報社／2019年6月

13p. 母と子は法律で特別にまもられている
- ◉ 世界にひろがる母子手帳 国際協力機構
  https://www.jica.go.jp/activities/issues/health/mch_handbook/index.html
- ◉ 母子情報、電子で管理 日本経済新聞 2019年6月15日記事
  https://www.nikkei.com/article/DGXMZO46049800T10C19A6EA1000/
- ◉ 男性の育休取得率(諸外国) 労働政策研究・研修機構
  https://www.jil.go.jp/foreign/labor_system/2018/12/preface.html

17p. すべての子どもの健康を見まもる法律がある
- ◉ 日本の5歳未満の死亡率推移と世界の死亡率 世界銀行統計
  https://data.worldbank.org/indicator/SH.DTH.MORT
- ◉ 『いくらかな? 社会がみえるねだんのはなし 2 いのちと福祉のねだん』
  藤田千枝 編／坂口美佳子 著／大月書店／2017年8月

21p. 「学校へ行ってはいけない」という法律がある
- ◉ 学校感染症と休業 日本学校保健会
  https://www.gakkohoken.jp/special/archives/122
- ◉ 分身ロボット「オリヒメ」オリィ研究所 https://orihime.orylab.com/
- ◉ 障害のある人に便利なアプリ 東京都障害者IT地域支援センター
  https://www.tokyo-itcenter.com/700link/sm-iphon4.html

25p.　たばこやお酒は、20歳までは禁止されている
- ◉ 成人のたばこ喫煙率の推移　厚生労働省
  http://www.health-net.or.jp/tobacco/product/pd090000.html
- ◉ 世界の受動喫煙対策　厚生労働省
  https://www.e-healthnet.mhlw.go.jp/information/tobacco/t-05-002.html
- ◉ 急性アルコール中毒　東京消防庁
  https://www.tfd.metro.tokyo.lg.jp/lfe/kyuu-adv/201312/chudoku/

29p.　ゲーム依存症は深刻な病気として認定されている
- ◉ ゲーム障害　国立病院機構久里浜医療センターインターネット依存症治療部
  https://www.mhlw.go.jp/content/12205250/000616333.pdf
- ◉ ネット依存　自己チェック表
  https://kurihama.hosp.go.jp/hospital/screening/kscale_t.html

33p.　薬にはきびしいきまりがあります
- ◉ 医薬品・医療部外品・化粧品のちがい　日本学校保健会
  http://www.hokenkai.or.jp/iyakuhin/
- ◉ 小児用医薬品開発について　日本小児科学会
  https://www.mhlw.go.jp/content/10808000/000506648.pdf
- ◉ サプリメントの使い方　日本スポーツ栄養協会
  https://sndj-web.jp/anti-doping/chapter1.php

37p.　食品の安全をまもるための法律
- ◉ 遺伝子組み換えとゲノム編集作物　農林水産省
  https://www.maff.go.jp/j/syouan/nouan/carta/seibutsu_tayousei.html
- ◉ 無料アプリのアレルギーチェッカー　株式会社ウィルモア
  https://www.allergychecker.net/

41p.　お金がなくても、医療を受けられます
- ◉ 国民健康保険の短期被保険者証　厚生労働省
  https://www.mhlw.go.jp/bunya/shakaihosho/iryouseido01/pdf/06-1d_0003.pdf
- ◉ 全国の無料・定額診療施設　全日本民医連　https://www.min-iren.gr.jp/?p=20120

45p.　介護が必要になったら、みんなで高齢者を支えます
- ◉ 高齢化率・人口の推移　総務省統計局
  https://www.stat.go.jp/naruhodo/c1data/02_12_stt.html
- ◉ ヤングケアラー　NHK ハートネット(福祉情報総合ネット)
  https://www.nhk.or.jp/heart-net/article/131/

49p.　国には、病気やけがで収入がない人を支える義務がある
- ◉ 子どもの貧困率　OECD 社会福祉統計
  https://data.oecd.org/inequality/poverty-rate.htm
- ◉ 子どもための無料法律電話相談
  第一東京弁護士会　03-3597-7867　毎週土曜日午後3〜6時（年末年始をのぞく）
  http://www.ichiben.or.jp/soudan/trouble/kodomo/kodomo3.html

法律監修　笹本潤（ささもと・じゅん）

東京大学法学部卒、弁護士。日本国際法律家協会（JALISA）、アジア太平洋法律家連盟（COLAP）事務局長。国際平和や移民・難民、女性の権利にかかわる各種訴訟にとりくむ。主な著書『世界の平和憲法 新たな挑戦』（大月書店）。

編者　藤田千枝（ふじた・ちえ）

大学理学部卒。児童向けの科学の本、環境の本を翻訳、著述。科学読物研究会会員、著書に「くらべてわかる世界地図」シリーズ、訳書に「化学の物語」シリーズ（ともに大月書店）、「実物大恐竜図鑑」（小峰書店）、「フリズル先生のマジックスクールバス」シリーズ（岩波書店）「まほうのコップ」（福音館書店）ほか多数。

各巻の執筆者

① 増本裕江　② 坂口美佳子　③ 新美景子　④ 菅原由美子

人権と自然をまもる
法ときまり　2

健康と福祉をまもるきまり

2020年9月15日　第1刷発行
2021年8月31日　第2刷発行

法律監修　笹本　潤
編　者　藤田千枝
著　者　坂口美佳子
発行者　中川　進
発行所　株式会社 大月書店
　　　　〒113-0033 東京都文京区本郷 2-27-16
　　　　電話（代表）03-3813-4651　FAX 03-3813-4656
　　　　振替 00130-7-16387
　　　　http://www.otsukishoten.co.jp/

デザイン・イラスト・DTP　なかねひかり
印　刷　光陽メディア
製　本　ブロケード

[全5巻]

藤田千枝・編

①自然と生きもののねだん

②いのちと福祉のねだん

③くらしと教育のねだん

④スポーツと楽しみのねだん

⑤リサイクルと環境のねだん

⑥戦争と安全のねだん

●定価各2000円（＋税）

いくらかな？

社会がみえる
ねだんのはなし

くらす、はたらく、
経済のはなし

[全5巻]

●定価各2000円（＋税）

山田博文・文　赤池佳江子・絵

①経済とお金のはじまり　②銀行の誕生と株式のしくみ

③会社のなりたちとはたらくルール　④経済のしくみと政府の財政

⑤経済の主人公はあなたです